斎藤《さいとう》一人《ひとり》塾

寺子屋講演会 1

心のみそ汁スープ（笑）

あなたにも神様がつくってくれたストーリーがある

斎藤一人
Hitori Saito

KKロングセラーズ

人の心に灯を
ともすと自分
の心に灯がとも
る愛がないと
人間て生きられ
ないね

ひとり

人間にとって一番嬉しいこと、
そして楽しいことは人の喜んだ顔を見ることです。
人の喜んだ顔を見ると、自分の心も
パッと花が咲いたように明るくなります。
誰の心の中も愛の花でいっぱいにしたいですよね。

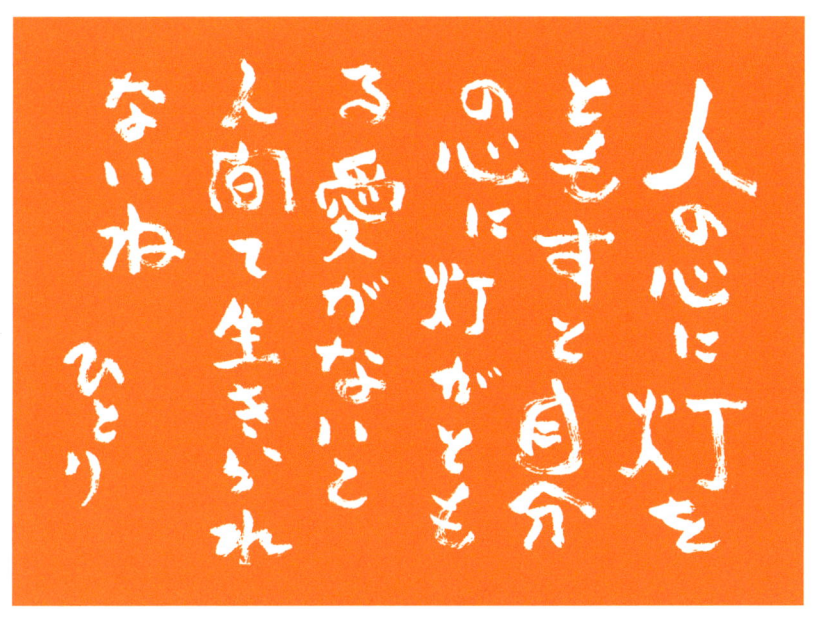

表紙の絵と中のかわいいさし絵は
ぼくの友達の不破浩一朗君が
この本のために描いてくれたものです

斎藤一人

もくじ

四人の先生方

カバー及び本文イラスト・不破浩一朗

斎藤一人

寺子屋講演会って
こんなに素晴らしい

普通の人に実際に起きたことを語ってもらう講演会です

この本は斎藤一人塾寺子屋講演会のＣＤを聞いてもらうためにつくった本です。

寺子屋講演会とは、みんなが生まれてから現在に至るまでの間に実際に起きた印象に残ることを、普通の人に講演してもらう講演会です。

講演というと特殊な経験をした人や、大学の教授とか政治家が行なうものと今までは思われていましたが、そういう人の話も大変ためになるものですが、実際に私たちが悩んでいることは、私たちの周りの人が解決策を知っているものなのです。

この人にこんな人生があったんだ

それと、この寺子屋講演会の素晴らしいことは一度講演を聞きに来た人に、「もしよろしかったらあなたも次に講演してみませんか？」と言うと、ほとんどの人が「わかりました。やらせていただきます」と言って、断る人がほとんどいないということです。

そして、一人一人が話し始めると「この人にこんな人生があったんだ」「この人からこんな良いことを教わった」「笑いながら学ぶことが出来た」「思わずもらい泣きするほど感激した‼」

そんな体験が講演を聞くたびに起こります。

初めはふるえながら話していた人が、だんだんと自信をもって話していき、また、終わった後の何とも言えないすがすがしい顔も実際に見た人にしかわからないことだと思います。

本当は誰でも自分の知っていることを教えれば先生なんだ

私が、この寺子屋講演会を始めようと思ったきっかけは、小学生の頃に聞いた一つのお話がきっかけでした。
明治維新の推進力となった吉田松陰という人が外国に密航しようとして捕まってしまい、国もとの牢屋に入れられていた時のこと、
「このままムダに日を過ごすのはもったいないから、牢屋の中にい

る人を集めて、私は論語や中国の古典を教えるから、君たちは君たちで、昔の仕事のことや経験してきたことを教え合おう」というので、牢屋の中で勉強会を始めたそうです。

かわりばんこに先生になり、また、人からも先生と呼ばれて自分の知っていることを教え合っているうちに、みんなの仲が非常に良くなり、また、牢屋を出た後も、立派な行ないをする人がたくさんいたという話を聞いたことがあるからです。

その話を聞いた時のショックは今でも忘れられません。

「本当は誰でも、自分の知っていることを教えれば先生なんだ」

「また、その人の言っていることを受け入れるだけの広い心があれば、教える人も教わる人も魂が成長するんだ」

小さな頃に受けたあの衝撃は私にとって大変大きなものでした。

しかし、仕事の忙しさや私生活の忙しさもあって、このことは忘れかけては思い出し、忘れかけては思い出し、ということを何十年も続けていたような気がします。

寺子屋講演会のルールは誰でも二〇分まで

そんなある日、縁あって、東京の江東区に「ひとりさんファンの集まるお店」という一〇坪位の小さなお店をつくらせていただくことになりました。

そこには全国から、ひとりさんファンが集まり、お茶を飲んだり、お菓子を食べたりしながら、本のことやテープ、ＣＤなどについて

感想を話し合っている楽しい場所です。

その一〇坪位の小さなお店でも、みんなが自分のしてきた経験を教え合うことが出来たらどんなに素晴らしいだろうと思い「寺子屋講演会をやるよ」と声をかけたところ、せいぜい一〇人か多くても二〇人くらい来れば充分だと思っていたところが、なんと一五〇人もの人が集まってくれました。

お店はたった一〇坪で、とても入りきれないので裏の文化センターを借りて一回目の寺子屋講演会を始めました。

一回目、二回目の寺子屋講演会は、私のお弟子さん達が話してくれました。三回目からは、普通の人が混じって、本当の私がやりたい寺子屋講演会になってきました。

寺子屋講演会のルールは、一人どんな人でも二〇分までと決めさせてもらいました。話す方もなんとなく二〇分なら話せるような気がするし、聞くほうも一人の話が二〇分なら飽きることもなく、ちょうど良いのではないかと考え、このルールで始めました。

「悩んでいたことの解決策が見つかった」

ところが実際に普通の人が講演をしてみると、びっくりするくらいためになる話をたくさんしてくれて、飽きるようなことは全然ありませんでした。

もちろん、話し足らずに「次の機会にまた話させて欲しい」という人も当然出てきますし、「あの人の講演の続きが聞きたい」という人も出てきますし、聞きに来たお客様の中には「自分はすごい悩みをかかえていると思っていたのに、自分の悩みなんて、悩みのうちに入らない」と言って明るく帰られる方もいます。

「悩んでいたことの解決策が見つかった」と言う人もいます。

「ああやって考えれば人生が楽しくなるんだ」

「こういう時はこう考えればいいいんだ」とうなずきながら聞いている方がたくさんいます。

何の宣伝もなく張り紙一枚で始めた月一回の寺子屋講演会は、六回目で三六〇人以上の人が来てくれて立ち見になってしまうほど、喜ばれています。ほとんどの方が楽しくて毎回顔を出してくれます。

泣いたり笑ったり、人間って本当にいいなあ

そして、新しいお友達をつれて来てくれます。帰りにはみんなが感激し、今日聞いた話を友達と語りながら帰っていきます。

今、この寺子屋講演会を自分のところでもやりたいという仲間が増えてきています。

全国で一〇〇カ所以上で寺子屋講演会をやっています。小さいと

ころではわずか五人で司会が一人、講師の先生が四人という、みんなが話してみんなで聞くというアットホームな小さな寺子屋講演会もあります。

とても不思議なことですが、何百人の会場で話した人が、たった一五人位の講演会で話した時、あがって足のふるえが止まらなかったということがあります。

これも経験してみなければわからないことで、人が多いからあがる、少ないからあがらないということではないようです。本当に人間って不思議な生き物ですよね。

いろんな人のいろんな人生を聞いて、笑ったり、泣いたりしているると「人間って本当にいいなあ!!」って思います。

「駅前のベンチで腰をかけているおばあちゃんにも神様がつくってくれたすごいストーリーがあるんだろうなぁ」

「交通整理をしているこのおじさんにも神様がつくってくれたストーリーがあるんだろうな」

今では、みる人みる人、この人のストーリーを聞いてみたい、そんな気持ちになれるのも、この寺子屋講演会のおかげだと思っています。

話が長くなってしまいましたが、どうぞごゆっくりみなさんの講演をお聞き下さい。

それでは四人の先生方を、
簡単にご紹介させて
いただきます。

①江《え》田《だ》光《みつ》子《こ》先生

〒三二九―四四〇四
栃木県下都賀郡大平町富田三七三―一五

最初の先生は、マルエローゼの江田光子先生です。

いつも明るくとても元気な江田光子先生に、こんなすごい人生があったとは本当にびっくりでした。これ以上言うとCDがおもしろくなくなるので、これ以上は言えません。江田光子先生はご自分のお店で月一回寺子屋講演会を行なっております。とても楽しくてアットホームな講演会です。みなさまもぜひ一度ご参加下さい。

〈店名〉マルエローゼ　☎〇二八二（四三）二〇三二

②鈴木《すずき》龍矢《たつや》先生

〒三二七—〇〇二一
栃木県佐野市堀米町一三〇五（法務局前）

二番目の先生は鈴木龍矢先生です。

鈴木龍矢先生は、二人の子供さんの父親であり、普段は牛乳の販売店を経営し、朝早くから牛乳配達をし、昼間はまるかんの仕事をして下さっています。

あの龍矢先生にこんなすごい人生ストーリーがあったなんて!!

もうこれ以上は書けません。是非、ＣＤを聞いて下さい。

鈴木龍矢先生はご自分のお店で月一回寺子屋講演会を行なっております。とても楽しくてアットホームな講演会です。みなさまもぜひ一度ご参加ください。

〈店名〉まるかんのお店 佐野堀米店　☎〇二八三（二〇）二一〇七

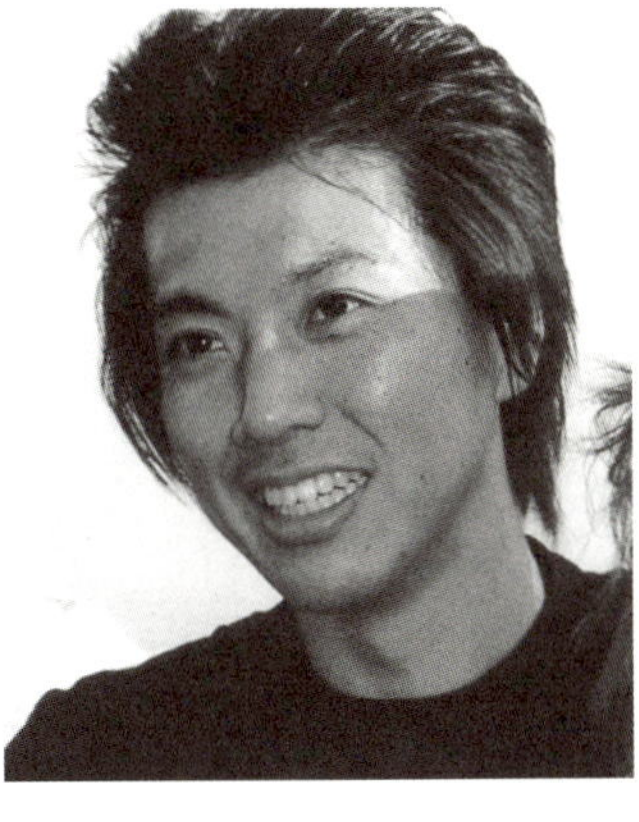

③大谷麻実《おおたにまみ》先生

〒九七〇―八〇二六
福島県いわき市平字三倉六九―一

三番目は大谷麻実先生です。

わずか一九歳の女の子がこんなすごい話をするなんて聞くまで信じられませんでした。

本当に歳じゃないんです。

ただただ感心しました。

早くCDを聞いて欲しいです。

CDの中で出てくる「おねえちゃん」とは福島県いわき市のサティの側でまるかんをやっている高津理絵さんのことです。理絵さんは私の手相のお弟子さんでヒマ

な時に無料で手相を見ていましたが、今は本業が忙しいので手相等は見ておりません。

ただ、とても癒し系の顔をした女神のようなやさしい女性ですから、顔を見るだけでもおすすめですよ。

早くCDを聞いて下さいね。

おねえちゃんこと高津理絵さんは月一回寺子屋講演会を行なっております。とても楽しくてアットホームな講演会です。みなさまもぜひ一度ご参加下さい。

〈店名〉まるかんのお店 いわき店 ☎〇二四六(二一)五六二一

④芦川《あしかわ》裕子《ひろこ》先生

〒一三二—〇〇三一
東京都江戸川区松島三—三四—一

4番目は芦川裕子先生です。

裕子先生は高校生の時からよく知っています。

あんなおとなしくてひっこみ思案の子が、何百人もの前で、自分に起きたことを堂々と話してくれたのには大感激しました。

書きたいことはたくさんあるのですが、書けば書くほど、CDの内容を言ってしまいそうになるので、ぐっとおさえて筆をおきます。

ぜひぜひごゆっくりCDをお聞き下さい。

これ以上申し上げることは、ひと言もありません。

斎藤一人塾寺子屋講演会

この寺子屋講演会は、普通のかた苦しい講演会と違い、いろいろな知識を話すというよりも、その人が実際にしてきた、経験を語ってもらう場所です。

たとえば、学校の先生が教育論を話すというより、自分の生い立ちや、教師になろうとしたきっかけ、なったあとの楽しかったことや、大変だったことを語ってもらう場所です。

どこの誰でも、神様がつくってくれたストーリーがあるものです。

あなたにおきたことや、私におきたことを話すことにより、みんなの理解が深まり、一度集まった人は大喜びしてくれる、肩のこらない講演会です。

ぜひ一度あそびに来てください。

だいたい、どの県でも一カ月に一回催しています。お気軽にお問い合わせください。

（会場の都合により無料のところから会場費三〇〇〇円ぐらいのところがあります）

一人さんのお弟子さんの柴村恵美子さんのホームページに本部主催の講演会だけですが日程がのってますよ。　http://www.tuiteru-emi.jp

全国一人さんファンの集まるお店

斎藤一人さんのファンが全国から集まってくる場所があります。

その場所は、江東区の砂町銀座商店街の中にある「ひとりさんファンの集まるお店」という名のお店です。中には、一人さんの書いた楽しい詩集や一人さん関係のものが飾ってあります。もちろん、入場無料。

そのほか、テレビや週刊誌で有名になった『ついてる神社』があります。

もちろん、この神社は一人さんがジョークで作ったもので、一人さんいわく、お賽銭もいらなければ御利益もありませんとのことです。それでも楽しいジョークのわかる一人さんファンが全国から毎日たくさん集まって来ます。

ここに来ると「全国の一人さんファンに会えて楽しい」とか、「オトナのためのディズニーランドみたいだ」とかいって、来た人は大喜びをしています。

偶然、一人さんに会った人は、直接いろんな話を聞けたりでき、楽しい場所です。

ぜひ一度、あなたも遊びに行ってみるといいですよ（お金は一切かかりませんよ）。

10坪ぐらいの小さな店ですから見逃さないでくださいね。

もし、わからなくなったら、『ついてる神社』に行きたいんですけど、って言って聞いてください。商店街の人なら、だいたいわかりますよ。

このお店でしか聞けない一人さんのプレミアムCDもあります。すごく楽しくてためになると大好評です（これも無料ですよ）。一応行きたい人のために住所と電話番号を書いておきますね。

●東京都江東区北砂5－1－33　03－5683－4910

朝11時から夜6時まで　お休みの日はありません。

行き方　JR東京駅から総武快速線で「錦糸町」駅下車。南口に出て、「07」番バス（門前仲町行き）に乗ります。「北砂2丁目」バス停で下車し、砂町銀座商店街を中ほどまで歩くと、左に一人さんのお店があります。

鳥居のある神社を想像してくる方がいらっしゃいますが、商店街にある普通のお店ですよ。おまちがいのないように（笑）

http://www.tuiterujinjyawahanazakari.com/index.html

東京以外にも一人さんファンの集まる場所ができました

お待たせしました！　各地に「ひとりさんファンの集まるお店」（ついている神社）ができました。

〈盛岡〉岩手県盛岡市中央通2－9－23
☎019－652－9500

〈仙台〉**平成17年5月9日オープン**
宮城県仙台市青葉区中央4－2－27　510ビル1F
☎022－216－0051

〈郡山〉福島県郡山市開成5－6－2　セラー山崎1991
☎024－921－5577

〈信越〉長野県松本市中央1-10-35　小坂ビル2F
☎0263-35-3124

〈岐阜〉平成17年6月オープン予定
☎058-274-4877

〈福井〉福井県福井市北四ツ居1-2-39　OHビル1F
☎0776-52-8642

〈大津〉滋賀県大津市島ノ関6-15　衣笠ビル1F
☎077-526-4929

〈神戸〉兵庫県神戸市中央区元町通1-13-12　神戸プラザホテルビル1F東
☎078-333-4374

〈姫路〉
兵庫県姫路市紺屋町12　大砂ビル1F
☎0792-88-7168

〈岡山〉
岡山県岡山市蕃山町1-23　サンスクエアービル1F
☎086-222-7088

〈宮崎〉
宮崎県宮崎市橘通西2-7-1　アーバン高塚橘通ビル1F
☎0985-25-8788

★各地の「ついている神社」でも、一人さんのプレミアムCDが聞けたり、東京の一人さんファンの集まるお店同様とても楽しい所ですから一度遊びに行ってみるといいですよ。

★一人さんと仲間の人たちのホームページ
アドレスものせておきますね。

斎藤一人
http://www.hitorisangayatteru.com

柴村社長
http://www.tuiteru-emi.jp

和美社長
http://www.hitori-and-kazumi.com

はなゑ社長
http://www.kirakira-tsuyakohanae.info/

芦川社長
http://www.geocities.jp/tsuiteru_masao/

みっちゃん先生
http://www.micchansenseitosaitohitorisangaiku4900.jp

みっちゃん先生の本の紹介

『斎藤一人とみっちゃん先生が行く』

（KKロングセラーズ刊 一三〇〇円＋税）

気の弱い人が気の強い人に勝つ方法があった。
学歴のない人が学歴の高い人に勝つ方法があった。
まさに「うさぎがトラに勝つ必勝法」がここに書かれてあります。
私が絶対に読んでほしい本です。

斎藤一人

斎藤一人さんのプロフィール

「スリムドカン」などのヒット商品でおなじみの『銀座まるかん』創設者。１９９３年以来、毎年、全国高額納税者番付（総合）10位以内にただひとり連続ランクインし、２００３年には累計納税額で日本一になる。土地売却や株式公開などによる高額納税者が多いなか、納税額はすべて事業所得によるものという異色の存在として注目される。

１９９３年分――第４位	１９９９年分――第５位
１９９４年分――第５位	２０００年分――第５位
１９９５年分――第３位	２００１年分――第６位
１９９６年分――第３位	２００２年分――第２位
１９９７年分――第１位	２００３年分――第１位
１９９８年分――第３位	

※土地・株式によるものを除けば、毎年実質１位

〈編集部注〉

読者の皆さまから、「一人さんの手がけた商品を取り扱いたいが、どこに資料請求していいかわかりません」という問合せが多数寄せられていますので、以下に資料請求先をお知らせしておきます。

フリーダイヤル　0120-504-841

斎藤一人塾 寺子屋講演会① 心のみそ汁スープ（笑）

著　者　斎藤一人
発行者　真船美保子
発行所　KKロングセラーズ
東京都新宿区高田馬場2-1-2　〒169-0075
電話（03）3204-5161(代)　振替 00120-7-145737
http://www.kklong.co.jp

印　刷　太陽印刷工業(株)　　製　本　(株)難波製本
落丁・乱丁はお取り替えいたします。
※定価と発行日はカバーに表示してあります。

ISBN4-8454-2072-4　C0070　Printed in Japan 2005